Peripatético

Beatriz Azevedo

PERIPATÉTICO
poemas

ILUMINURAS

Copyright ©:
Beatriz Azevedo

Copyright © *desta edição:*
Editora Iluminuras Ltda.

Capa:
Marco Mancini

Composição:
José Luis Silva - Designer de Livros

ISBN: 85-7321-027-3

1996
EDITORA ILUMINURAS LTDA
Rua Oscar Freire, 1233
01426-001 - São Paulo - SP
Tel.: (011)852-8284
Fax: (011)282-5317

Inventário pg 11 O que é Muito pg 33 Peripatético pg 47 Las Ramblas pg 51 Hai-Kai Balão pg 77

Índice

INVENTÁRIO 11
cargas d'água 13
oração 14
o verso da vida rasa 15
não há mar 16
sol de Maiakovski 17
re-verdura 18
entre ter-te 19
bis 20
entre linhas 21
silêncios barulhentos do meu pensamento 22
pacífica e atlântica 23
ficção 24
inventário 25
mais um lance de dados 26
? 27
querelle 28
tradução 29
mapa-múndi 30
tarô 31

o que é muito..........33
abracadabra..........35
pedras ou surpresas..........36
descoberta..........37
presente..........38
sentada nas palavras..........39
onovojáera..........40
deus dá..........41
deus não fede..........42
as palavras é as coisas..........43
xixi..........44
deu tá dado..........45
peripatético..........47
peri..........49
patético..........50
las ramblas..........51
nenhum poema rasga o dia..........53
nenhuma pedra..........54
o dia..........55
a pressa das telefonistas..........56
quando me espera..........57
me odeia..........58

esperando..59
:..60
deserto..61
o teu amor bendito...62
insisto com as palavras..63
desisto das palavras...64
a previsão do tempo..65
amor impreciso...66
mar indeciso..67
nenhum poema rasga a noite.............................68
não quero saber de festa.....................................69
na beira do abismo...70
brinco..71
minto...72
existo..73
asas...74
eu me mato em cada palavra..............................75
o mar permanece indeciso..................................76
HAI-KAI BALÃO..77
aqui na minha mão...79
borboletas..80
o guarda-noturno..81
ou você escreve...82

cansei	83
tropeço no progresso	84
não tenho religião	85
não nego ócio	86
na ilha de Manhattan	87
primeira mão	88
príncipe	89
máscara	90
eu você um guarda-chuva	91
quântico dos quânticos	92
miro	93
por dentro da blusa	94
beatriz	95
epitáfio	96
o tempo	97
as palavras são	98
as palavras vêm	99
não em vão	100
SOBRE A AUTORA	103

inventário

não sei por que cargas d'água
a poesia me vem em descargas
me carrega pelas escadas
a mão num corrimão de palavras
me escorrega em quedas d'água
a alma afogada em cataratas de palavras
não sei porque me escapa
a poesia me vai em asmas
me desarma as aspas
a mão nas farpas das palavras
me larga na mira das facas
a alma atolada em noites de vacas magras
eu não escuto mais nada
quero permanecer calada
ouvindo a música dos dervixes
a voz de Maiakovski os watts de Oswald
quero permanecer esquecida
nos cantos da casa
nos cantos da página
nos Cânticos dos Cânticos
até ficar bendita como a Sulamita
cantando a língua exquizita
que a poesia dita

Oração

as letras podiam cair neste papel
no lugar exato
como as estrelas no céu
no dia em que deus quis
aí eu vou gostar de dizer
este poema fui eu que fiz

quero alguém por perto
para ir comigo ao supermercado
enquanto deixo o poema descoberto
plantado no vaso

eu quero
o verso   da vida   rasa
a vida   do verso   raro

na cidade onde eu nasci não há mar

onde morei não há mar

onde eu vivo não há mar

ainda assim

onde quer que eu vá

há mar

em mim

eu enxergo no escuro a luz que a noite revela
o feio que é força bela
e ela que nem sabe a beleza da fera
eu navego no futuro para onde o navio me leva
um anjo me carrega e de cima eu vejo a terra
eu vejo a fome eu vejo a fama nada me engana
tudo se rebela e movimenta quando a gente ama

eu enxergo no escuro a luz que me cega
tão cedo o sol chega para as pessoas certas
novas ovelhas que cortam as orelhas
eu vejo novas abelhas em flores velhas
todas as cores dele na gravata amarela
eu vejo a fome eu vejo a fama nada me desespera
tudo se rebela e movimenta quando a gente erra

eu escorrego no escuro que a luz projeta
cinema você tem que ver na tela
a tua cara mascarada de novela
no teatro é máscara da tua própria cara
coisa clara como parábola de profeta
a poesia é uma arte exata
que salta acrobata da boca do poeta

de repente me lembro de ver-te
a dor vente hai-kais invente Leminski
o cara mais alegre o cara mais triste
a verdade dos versos que mentiste
no dia em que te vi
no dia em que me viste

entre ter-te
e entreter-te
prefiro que entre
onde procuro ver-te
naquele ventre
onde posso ser-te

o rosto da atriz
traduz
o olho da atriz
reluz
o corpo da atriz
seduz
a vida da atriz
pede bis
— flor de lis —
por um triz
é flor de luz

o político
na repetição curvilínea
das linhas
o filósofo
na existência retilínea
das linhas
o artista
nas entre
linhas

as avenidas vazias no feriado
e eu lendo
as memórias do esquecimento
os dias em que eu me esqueci de lembrar do meu nascimento
da importância dos acontecimentos
dos silêncios barulhentos do meu pensamento
dos movimentos lentos dos planetas
do brilho eterno das estrelas decadentes do momento

teu olhar me leva pro Oriente
pimenta e seda pura
especiarias da ilusão
eu quero ir
pacífica e atlântica
nesta grande navegação

sem você
fico só
ficção

Beatriz perdida no Paraíso
Ana longe de Amsterdã

Inventário

setas de eros jogadas a esmo
acreditava mesmo nas paixões inventadas
naquela fase
tudo foi quase
a asa de Ícaro
na beira do abismo

amor mesmo
nada
sentir é debaixo d'água

eu acredito nas mentiras que invento
nem sei quantos anos eu tenho
coração de arquitetura sofisticada
faço este poema porque te amo
ou te amo para fazer este poema
quando é que eu me engano
lágrimas dentro do cinema
ratos dentro do piano
mais um lance de dados
me iludo em todo caso
mentir
jamais
abolirá
o acaso

teamoparafazerestepoema

oufaçoestepoemaparaseramada?

Querelle
eu quero tua pele
quero querer Querelle
em mim tua boca mais que a de Marilyn
teu corpo forte
flor de Jean Genet
eu quero gemer como James Dean
numa noite triste
tudo que existe
tem um fim
tem um filme que eu quero ver com você
à luz de vela debaixo da coberta
diz que sim
te espero Querelle com a janela aberta

Tradução

você me encanta
e eu quero cantar em inglês
pra você ter que traduzir
pra minha língua
o que tua boca quer dizer
quando fica calada
quase aberta
respirando o encanto
o medo da descoberta
assim você me canta
e eu quero contar de vez
pra você ter que deduzir
com a tua língua
o que minha boca quer dizer
quando fica calada
quase aberta
respirando o encanto
o medo da descoberta

o mapa-múndi é tão bonito
uma pintura onde o mar
é todo azul
ilusão o sexo o mapa
porque quando o amor acaba
nada é azul

todo fim de amor é parecido
descora as caras pálidas
descola os corpos frios
apaga os fogos-fátuos
afunda os navios
cerra os lábios
fecha os olhos
mais nenhum arrepio
todo fim de amor é infinito

atrás do que se quer
tem o que não se imagina
jogo de sorte ou azar
a vida é o que se descortina

depois do que se sonha
vem o que desbaratina
bem me quer mal me quer
o amor é o que nem se imagina

quem espera sempre cansa
nada supera a surpresa

o que é muito
hino de religare

da Idade do Ácido à Idade da Pedra

as pedras
os peixes
as palavras

deus é abracadabra

eu não tenho nada
não há perdas
só há pedras ou surpresas

a poesia é a descoberta das coisas que eu já vi

quem sente
com pressa
pressente
quem preza
o que sente
presente

pernas abertas
descobertas
é bom ficar parada
pedra sagrada
assim sentada
nas palavras

eternidade

onovojáera

deus dá

ou desce

deus não fede

nem cheira

as palavras é as coisas

Michel Focou
mas fui eu que vi

o mar é um xixi fora de si

deus é muito dado

deus é muitos dados

peripatético

poema-de-chão

dei o primeiro passo para trás e já me pergunto por que
estou andando de costas agora neste momento o que
me move por onde não vejo vendo no chão as letras que
nunca vi no chão porque elas sempre estiveram
em outros lugares mas nunca embaixo dos meus pés
como agora eu pisando nas palavras antes mesmo
de saber com os olhos pisando com os pés
o pé da página do livro da cidade que esta rua escreve
para quem vê de cima para quem voa
vendo o movimento dos automóveis dança de bauhaus
ou para quem anda quem é a dança como você
por exemplo peripatético andando de costas
muito curioso por exemplo ou corajoso por exemplo ou
ou ou pateta ou crítico achando tudo isso uma bobagem
uma viagem de volta um Vodu uma vadiagem ou
em último caso uma viadagem da minha parte ou ainda
uma obra de arte da linguagem a conversa fiada de poeta
redemoinhos de palavras no liquidificador as cascas
da cebola descascando palavras cozinhando a prosa
passo a passo passando de uma linha a outra descendo
esta escada quantos degraus ainda a poesia vai deslizar
no tempo me desesperar nesta suspensão que parece
não ter fim mas tem sim uma surpresa :

agora vamos virar esta página virar esta esquina
na mesma máquina em movimento perpétuo de andar
sobre as palavras agora misturadas com a sombra
das outras com o eco das esquinas quebradas
bruscamente com buracos no meio da frase um poema
sobre o meio do poema se exibir do poema paquerar
a cidade parar a cidade para ler o poema
fazer a cidade passar dentro do poema no ventre
do poeta o poema passarela para ela lendo-se neste
poema que é um problema para a cidade andando
atrás das palavras com este anzol este anzolho
pescando peixes para comer embaixo da sola
do meu sapato em plena metrópole eu andando
devagar enquanto tudo vai a galope eu aqui caindo
neste golpe nesta armadilha que me ilha no centro
das palavras de um poema esdrúxulo um luxo
de poema explícito sujo com buracos no meio
dos edifícios um poema difícil de se exibir nos meios
em certos meios que só justificam os fins um poema
meio sem fim que não acredita no fim do poema e
quer parar a cidade para ler o poema fazer a cidade
passar dentro do poema a cidade ser o poema do futuro
agora nesse poema que é um presente para a cidade

las ramblas

poema em 23 capítulos

sem o teu amor nenhum poema rasga o dia

nenhuma pedra fura o mar

arremesso o meu desejo para o dia em que você chegar

me arranhando as costas
eu deixo porque sei que você gosta
sei quando se mostra
me dá as costas
vai embora para outra esfera
me olha nos olhos e me ignora
pergunta na hora das respostas
e responde impressionista com a pressa das telefonistas

vira uma fera quando me espera
e me espera e me espera e me espera

me odeia quando me espera

e esperando se revela

: me ama quando me espera

e agora sou eu que te espero e te espero e te espero
a multidão das Ramblas é um deserto
o Alemão gigante o Japonês mignon
a música do Oriente o microtom

eu prefiro o teu amor bendito

só quando eu te amo é que eu existo
é que eu insisto com as palavras

senão eu desisto das palavras

e assisto na televisão a previsão do tempo imprevisto

eu sofro com seu amor esquisito
eu preciso do seu amor impreciso
eu gozo quando encosto no seu sexo oferecido
seu sexo meu sexo parecido

o mar está tão indeciso

nenhum poema rasga a noite
nenhum peixe no oceano
atiro os meus planos
para o dia em que você chegar

sem você eu fico tão besta
não quero saber de festa
fico modesta, modesta
e espero o dia em que você chegar

invento o novo me repito de novo
o novo de novo imito Ícaro na beira do abismo

eu brinco com as palavras

eu minto com as palavras

é nas palavras que eu existo

as palavras são asas

eu me mato em cada palavra

o mar permanece indeciso
nenhuma terra à vista
nem paz nem tormenta
meu deus
por que sou tão imperfeita
tenho tudo que me contenta
e permaneço assim insatisfeita

hai-kai balão

hai-kai balão
hai-cai balão
aqui na minha mão

Borboletas
Palavras pretas
Setas de Eros
Estrelas

Como tê-las ?

o guarda-noturno
guarda as coisas

mas a noite lhe escapa

ou você escreve

ou você escravo

cansei
de arrumar
meu quarto

ele que se vire
pro outro lado

tropeço no progresso
da minha língua
caio de bunda
no sabor da ginga
saio de sunga de cueca
atrás do som do pum
que pinga bebum
no bumbum do poeta

não tenho religião
nem compromissas

não nego ócio
não vendo
não troco
não nego cio

a liberdade
não é uma estátua
na ilha de Manhattan

primeira mão

procuro um cupido
com boa pontaria

daqui por diante
vou ficar mais exigente :
só vai ser príncipe
o sapo que eu invente

Máscara

tua cara de mau
tua cara de tal
tua cara de Mao
tua cara de pão
tua cara de nada
tua descarada
cara de pau

na calçada
eu você
um guarda-chuva
romântico
guarda água da vulva
que nada
apaixonada
no Atlântico

amor físico:

Quântico dos Quânticos

miro
admiro
no teu corpo branco
todas as cores de Miró

só merece a musa
o poeta que ousa
querer ver uma deusa
por dentro da blusa

eu sou a beatriz
sem dentes
eu sou a beatriz
dândi abundante
eu sou a beatriz
estridente gigante
eu não sou mais
a beatriz de Dante

Epitáfio :

ela era poeta
até debaixo d'água
deixou uma obra de fôlego
mas morreu afogada

otempootempo
escoaagora
ecoafora
embora
para
ou
pára
demora
cadahora
escoaagora
otempootempo

as palavras são
as palavras vêm
as palavras vão

as
palavras
vêm e vão
não em vão

as pessoas
vêm e vão
não em vão

Beatriz Azevedo é formada em Artes Cênicas pela UNICAMP. Pesquisou por três anos a obra de Oswald de Andrade com bolsa da FAPESP. Em 1993 viveu na Espanha como bolsista do Instituto de Cooperación Iberoamericana estudando dramaturgia na Sala Beckett de Barcelona.

Traduziu e adaptou para o teatro "Les Chansons de Bilitis" de Pierre Louÿs. Escreveu "I Love: Maiakovski e Lili Brik", "Ariadne", "Fantasia de Fedra Furor", "Abelardo e Heloísa", "Comigo Não, Violão", "A Época de Ouro do Rádio" e "Vox Populi". Como atriz, participou de diversos espetáculos, entre eles "Bacantes", "Ham-Let" e "Cacilda!" do Teatro Oficina.

Recebeu em 1994 o Prêmio Estímulo para Pesquisa de Linguagem Cênica da Secretaria de Estado da Cultura de São Paulo, o qual propiciou o estudo da obra de Bernard-Marie Koltès, e a publicação do livro "Teatro de B.M.Koltès", pela Editora Hucitec.

Falou seus poemas no Teatro Municipal de São Paulo, na Espanha e na Itália. O poema Peripatético foi traduzido para o Catalão e tem sido apresentado como intervenção urbana. Ultimamente tem voltado seu trabalho para a música, compondo e interpretando seus poemas e canções em shows.

Impresso na **Prol** editora gráfica ltda.
03043 Rua Martim Burchard, 246
Brás - São Paulo - SP
Fone: (011) 270-4388 (PABX)
com filmes fornecidos pelo Editor.